BEI GRIN MACHT SICH IHR
WISSEN BEZAHLT

- Wir veröffentlichen Ihre Hausarbeit,
  Bachelor- und Masterarbeit

- Ihr eigenes eBook und Buch -
  weltweit in allen wichtigen Shops

- Verdienen Sie an jedem Verkauf

Jetzt bei www.GRIN.com hochladen
und kostenlos publizieren

Bibliografische Information der Deutschen Nationalbibliothek:

Die Deutsche Bibliothek verzeichnet diese Publikation in der Deutschen National-bibliografie; detaillierte bibliografische Daten sind im Internet über http://dnb.d-nb.de/ abrufbar.

Impressum:

Copyright © 2011 GRIN Verlag
Druck und Bindung: Books on Demand GmbH, Norderstedt Germany
ISBN: 9783656382928

Dieses Buch bei GRIN:

https://www.grin.com/document/209979

Paolo Lombardo

Inbound-Kommunikation. Bedeutung für die Unternehmenskommunikation

GRIN Verlag

GRIN - Your knowledge has value

Der GRIN Verlag publiziert seit 1998 wissenschaftliche Arbeiten von Studenten, Hochschullehrern und anderen Akademikern als eBook und gedrucktes Buch. Die Verlagswebsite www.grin.com ist die ideale Plattform zur Veröffentlichung von Hausarbeiten, Abschlussarbeiten, wissenschaftlichen Aufsätzen, Dissertationen und Fachbüchern.

Besuchen Sie uns im Internet:

http://www.grin.com/

http://www.facebook.com/grincom

http://www.twitter.com/grin_com

Hochschule Osnabrück

Institut für

Kommunikations-Management

Seminar: Kommunikationsmanagement als Beruf

WS 2010/2011

Aufgaben in der Unternehmenskommunikation

Erörterung der These:

Die Inbound-Kommunikation gewinnt zunehmend an Bedeutung für die Unternehmenskommunikation.

Paolo Lombardo

Inhaltsverzeichnis

Die vorliegende Hausarbeit wurde auf Grundlage von Notizen aus der Vorlesung von Prof. Dr. Susanne Knorre und den im Quellenverzeichnis genannten Quellen verfasst.

1. Einleitung

Der Wertschöpfungsbeitrag der Unternehmenskommunikation trägt zur Schaffung greifbarer und nichtgreifbarer Werte, zur Verkaufsförderung der Unternehmensprodukte und Erweiterung der Handlungsspielräume bei.

Vor diesem Hintergrund gewinnt die „Inbound-Kommunikation", also die Kommunikation von Außen aus dem Unternehmensumfeld nach innen in die Organisation hinein, zunehmend an Bedeutung, für die Unternehmenskommunikation.

Diese Hausarbeit beschäftigt sich mit den Fragen, welche Aufgaben der Unternehmenskommunikation hierbei auf die Inbound-Kommunikation angewiesen sind, welche Gründe es hat und welche Defizite behoben werden sollen.

Des weiteren wird eine entsprechenden Funktion im Unternehmen mit nötigen Aufgaben und Maßnahmen beschrieben, die „Inbound-Kommunikation" ermöglichen sollen.

Im letzten Teil wird die Frage nach der Organisation einer solchen Aufgabe behandelt und welche Hürden entstehen wenn man versucht die Kommunikation im Unternehmen zu verorten, sowie die Anforderungen die der entsprechende Stelleninhaber aufweisen muss.

2.0 Integrierte Kommunikation in der Unternehmenskommunikation

In gesättigten Märkten mit homogenen Produkten, stehen die Unternehmen heute weniger in einem Produkt- als vielmehr in einem

Kommunikationswettbewerb, wie *Meckel und Schmid* feststellen.[1]

Eine Zunahme der Kommunikationsangebote seitens der Unternehmen führen zu keiner Zunahme der Kommunikationsnachfrage seitens der Konsumenten. Diese Reaktanzen werden dadurch verstärkt, dass unterschiedliche Aussagen von Unternehmen in unterschiedlichen Medien veröffentlicht werden[2]. In einer Berufsfeldstudie, unter der Leitung von *Prof. Dr. Bentele*, gaben 71% der befragten Journalisten ebenfalls diesen Grund für einen Vertrauensverlust an.[3]

Vor diesem Hintergrund wird seit Jahren verstärkt die Forderung nach einer integrierten Kommunikation gestellt[4]

Durch eine einheitliche Kommunikation über das Unternehmen kann man sich gegenüber dem Wettbewerb differenzieren und eine bessere Kundenorientierung durch die einheitliche Wahrnehmung erreichen.

2.1 Outbound-Kommunikation von Innen nach Außen

Manfred Bruhn, ein Vertreter aus dem Bereich des Marketing, fasst die Integrierte Kommunikation als einen Prozess der Analyse, Planung, Organisation, Durchführung und Kontrolle auf, der darauf ausgerichtet ist, aus den differenzierten Quellen der internen und externen Kommunikation von Unternehmen eine Einheit herzustellen, um ein für die Zielgruppen der Kommunikation konsistentes Erscheinungsbild über das Unternehmen bzw. ein Bezugsobjekt des Unternehmens zu vermitteln.[5]

---

[1] Vgl. Meckel, Miriam / Schmid, Beat F.:Unternehmens-Kommunikation. Kommunikationsmanagment aus Sicht der Unternehmensführung, 2. Aufl., in: dies. (Hrsg), Wiesbaden: Gabler, 2008, S.515.
[2] Vgl. Meckel/Schmid, Unternehmens-Kommunikation, a.a.O, S. 515.
[3] Vgl. Bentele, Günther/ Großkurth, Lars/ Seidenglanz René: Profession Pressesprecher II. Berufsfeldstudie 2007, S.25.
[4] Vgl. Meckel/Schmid, ebd.
[5] Vgl. Bruhn, Manfred, Integrierte Unternehmens- und Markenkommunikation. Strategische Planung und operative Umsetzung, 4. Aufl., Stuttgart: Schäffer-Poeschel, 2006, S.17.

Nach: Bruhn (2009) S. 536   Prof. Dr. Susanne Knorre WS 2010/11

(Abb. 1: Vgl. Prof. Dr. Knorre: Integrierte Kommunikation, Folie 2)

Die Strategie die Manfred Bruhn verfolgt, ist ein sehr starres Gebilde. Es wirkt geschlossen, asymmetrisch, alles ist gleich getaktet und klar definiert.
Kommuniziert wird einseitig von innen nach Außen. Legitime Ansprüche seitens der Stakeholder existieren in dieser Sichtweise nicht. Die erfolgsorientierte Kommunikation ist hierbei an Zielgruppen gerichtet und ökonomischer Art.[6]

„Integrierte Kommunikation ist in Abhängigkeit von der Markenstrategie eines Unternehmens zu gestalten."[7] So lautet ein Aspekt den *Meckel/Schmid* in Anlehnung an *Manfred Bruhn* aufzählen. Das ist eine klassische Auffassung des Marketings.

2.2 Inbound-Kommunikation von Außen nach Innen

In Anlehnung an Karin Kirchner hat das Kommunikations-Management eine andere Auffassung von integrierter Kommunikation und verfolgt eine andere Strategie.

"Integrierte Unternehmenskommunikation ist der Prozess des koordinierten Managements aller Kommunikationsquellen über ein Produkt, ein Service oder ein

---

[6] Vgl. Karmasin, Matthias: Stakeholdermanagament als Ansatz der PR, in: Günter Bentele/Romy Fröhlich/Peter Szyszka (Hrsg.):Handbuch der Public Relations. Wissenschaftliche Grundlagen und beruflisches Handeln, 2. Aufl., Wiesbaden: VS Verlag für Sozialwissenschaften, 2007, S.277.
[7] Vgl. ebd., S. 517.

Unternehmen, um gegenseitig vorteilhafte Beziehungen zwischen einem Unternehmen und seinen Bezugsgruppen aufzubauen und zu pflegen." [8]

Im Gegensatz zu der starren, asymmetrischen Kommunikation mit Zielgruppen, geht es bei der Inbound-Kommunikation um Beziehungen kommunikativer Art. Eine (teilweise) Öffnung nach Außen, symmetrische Kommunikation mit legitimen Anspruchsgruppen und deren Ansprüchen in Form von Dialogen , um Meinungen gezielt von Außen in die Unternehmenskommunikation hinein zu tragen.

2.2.1 Gründe für Inbound-Kommunikation

Durch die Inbound-Kommunikation werden Defizite innerhalb der Kommunikation zwischen den Unternehmen und den Anspruchsgruppen verringert. Nach Auffassung von *Matthias Karmasin* [9] existiert eine Organisation nicht autonom, sondern sie ist kommunikativ in diverse Umwelten integriert. Hierbei geht es um Legitimation in einem Umfeld divergierender Ansprüche.[10]

Die Abbildung 3 verdeutlicht welche Stakeholder im Unternehmensumfeld existieren. Sie sind das Aufgabenfeld des Kommunikationsmanagements . Es ist eine wichtige Managementfunktion dafür zu sorgen, dass man Kommunikation mit den legitimen Anspruchsgruppen herstellt oder ermöglicht und nutzenbringend für das Unternehmen einsetzt.

---

[8] Kirchner, Karin: Integrierte Unternehmenskommunikation. Theoretische und empirische Bestandsaufnahme und eine Analyse amerikanischer Großunternehmen., Stuttgart: Westdeutscher Verlag, 2001, S. 36.

[9] Vgl. Karmasin, Matthias: Stakeholdermanagament als Ansatz der PR, S.272.

[10] Vgl. Karmasin, Matthias, a.a.O., S. 277.

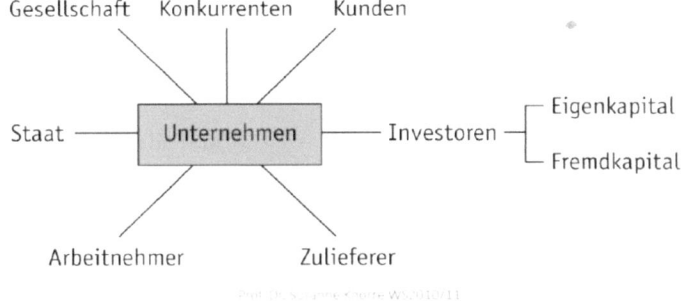

(Abb. 3: Vgl. Prof. Dr. Knorre: Wertschöpfung durch Kommunikation im Unternehmen, Folie 4)

Laut dem „european communcation monitor" ist der Excellence-Faktor Nummer 1 der Unternehmenskommunikation eine gute Beziehung zu seinen Stakeholdern. Das sagten 86% der befragten Kommunikationexperten einer Studie, unter der Führung von *Prof. Dr. Ansgar Zerfaß*.[11]

Indem man die Stakeholder mit in die Unternehmenskommunikation einbezieht, erreicht man eine höhere Bindung an die Organisation. Das bewirkt auch, dass der Zweck der Organisation gesellschaftlich anerkannt wird und die sogenannte „licence to operate" erteilt wird.

Den Wertschöpfungsbeitrag der durch Kommunikation entsteht, zeigt die Abbildung 4, von Prof. Dr. Ansgar Zerfaß.

---

[11] Vgl. Zerfaß, A./ Moreno, A./ Tench, R./ u.a.: European Communication Monitor 2009. Trends in Communication Management and Public Relations Results of a Survey in 34 Countries.

Wo entsteht Wertschöpfung durch Kommunikation?

(Abb. 4: Vgl. Prof. Dr. Knorre: Wertschöpfung durch Kommunikation im Unternehmen, Folie 8)

Die Kommunikation mit den Anspruchsgruppen wirkt sich auf das Image, die Reputation und das Vertrauen das der Organisation entgegen gebracht wird, aus. Diese immaterielle Werte, die in den Köpfen der Anspruchgruppen entstehen, lassen sich bewerten, wenn sie in die Unternehmenskommunikation einfließen.

Kombiniert man diese offene Kommunikationsstrategie mit der geschlossenen Marketing-Strategie wird deutlich, dass es Bereiche im Unternehmen gibt, die man nach Außen hin verschlossen hält, teilweise öffnet oder verschließt und Bereiche in denen man sich nach Außen hin öffnet. Siehe Abbildung 5.

Integrierte Kommunikation braucht
Konsistenz und Offenheit

Konsistenz	Offenheit
Integration	Innovation

Medienarbeit	Public Affairs	Wissensmanagement
Investor Relations	Public Relations	Veränderungskommunikation
Krisenkommunikation	Interne Kommunikation	CSR

Prof. Dr. Susanne Knorre
WS 09/10   11

(Abb. 5: Vgl. Prof. Dr. Knorre: Integrierte Kommunikation, Folie 11)

Es ist ein Balanceakt zwischen Integration/Innovation und Konsistenz /Offenheit, der
von der Unternehmenskommunikation gelöst werden muss. Einerseits geschlossen und
einheitlich nach Außen kommunizieren und andererseits offen genug sein und zuhören.
Durch die Öffnung nach Außen, kann man fremdes Wissen im Rahmen des
Wissensmanagements aufnehmen und in die Organisation hineintragen, so dass man es
in Produktionsprozess einfließen lassen kann, wenn es darum geht, Innovationen voran
zu treiben.

Im Bereich der Corporate Social Responsability setzt man sich mit den
Anspruchsgruppen auseinander, die das soziale Engagement wahrnehmen und bewerten
um vorzubeugen das es evtl. als „Greenwashing" wahrgenommen wird.

Im Bereich des Risikomanagements setzt man sich mit den kritischen Meinungen von
gefährlichen Stakeholder auseinander, um mit verständigungsorientierter
Öffentlichkeitsarbeit darauf zu reagieren, bevor daraus Probleme entstehen.

Mitarbeiter stellen ebenso eine Anspruchsgruppe dar. Durch die Wahrnehmung ihrer
Ansprüche sinkt die sogenannte Retention-Rate im Unternehmen und Mitarbeiter
bleiben im Unternehmen.

3. Arbeitsaufgaben im Tätigkeitsbereich

Um den Informationsfluss von Außen in die Unternehmenskommunikation zu ermöglichen, muss eine Struktur vorhanden sein oder aufgebaut werden, die diese Informationen sammelt, verarbeitet, analysiert und auswertet. In diesem Stakholderumfeld ist die Kommunikation als Managementfunktion verortet. Dies geht aus dem Stakeholder Ansatz hervor. Diese Tatsache unterscheidet gutes Kommunikationsmanagement von schlechtem.

3.1 Maßnahmen der Inbound-Kommunikation

Es gibt verschiedene Möglichkeiten, um zu erfahren welche Ansprüche die Stakeholder an das Unternehmen stellen und wie man diese in die Unternehmenskommunikation einfließen lässt. Man kann verschiedene Plattformen einrichten, auf denen sich die Stakeholder mit dem Unternehmen und ihren Produkten oder Dienstleistungen auseinandersetzen. Hierzu zählt der gesamte Bereich um Social Media. Ein Engagement in relevanten sozialen Netzwerken wie Twitter, Facebook oder Xing. Das könnten ebenso online Brand-Communities sein, die auf eine partizipative Anteilnahme bei Gestaltungsprozessen setzen. Ebenso Kundenforen in Firmen-Blogs, auf denen potenzielle Kunden Vorschläge machen und im Rahmen des Ideenmanagement als Ideengeber eingebunden sind. Eine weitere Möglichkeit sind Produkt-Tester , die man aus den Anspruchsgruppen rekrutiert, so dass man auch hier Informationen erhält. Ganz klassische Maßnahmen sind „Tage der offenen Tür" mit Unternehmensführungen, zu denen man einlädt oder Wettbewerbe und Expertenforen, die zu einem Thema referieren. Ebenso kann man Umfragen oder direkte Gespräche mit den Besuchern führen, die man danach auswertet. Aber auch die eigenen Mitarbeiter stellen nach Prof. Dr. Zerfaß eine Anspruchsgruppe dar. Dadurch das man sich mit ihnen per Intranet austauscht kann man den Informationsstand verbessern und die Motivation erhöhen.[12]

---

[12] Zerfaß, Ansgar: Was bezweckt und bewirkt strategisches Kommunikationsmanagement? Empirische Rahmenbedingungen, normative Anforderungen und faktische Handlungsmöglichkeiten, 2009, S.15f.

4. Organisation Integrierter Kommunikation

Das Problem in Unternehmen ist, das neben dem Kommunikationsmanagement auch andere Managementfunktionen vorhanden sind, wie beispielsweise das Marketing, Human Ressource, Forschung & Entwicklung. Kommunikation wird sehr oft nicht als Managementfunktion aufgelistet und ist sehr oft dem Marketing unterstellt, wie aus einer Studie von *Prof. Dr. Bentele* hervorgeht[13].

Weiterhin gibt es verschiedene Abteilungen die parallel zum Kommunikationsmanagement kommunizieren, wodurch es in manchen Bereichen zu Überschneidungen kommt. Das impliziert nach *Bruhn/Ahlers*, dass man die Kommunikationsaufgaben koordinieren muss und die einzelnen Aktivitäten aufeinander abstimmen muss.[14]

Formal gibt es in vielen Unternehmen keine Struktur für eine Zusammenarbeit. Sie muss durch den Kommunikationsmanager organisiert werden. Als Kommunikationsmanager hat man immer eine Bringschuld, die man gegenüber den anderen Abteilungen erfüllen muss. Dabei muss man Aufgaben und Ziele der Kommunikation erklären und den Wertschöpfungsbeitrag für alle sichtbar machen. Nach der Präsentation eines Leitbildes und eines Kommunikationskonzepts, kann man Regeln aufstellen und Richtlinien vorgeben, die für die tägliche Kommunikationsarbeit der verschiedenen Abteilungen bindend sind.

Um sicherzustellen, dass man Informationen von anderen Abteilungen erhält, muss man Mitarbeiter durch Motivation und Belohnung gewinnen, damit sie mit der Kommunikationsabteilung zusammenarbeiten. Das erreicht man durch Meetings, wo man geschäftliches mit angenehmen verbindet.

Eine weitere Möglichkeit die *Meckel und Schmid* beschreiben, ist die Bildung von abteilungsübergreifenden Cross-funktionalen Teams, die befristet oder unbefristet mitarbeiten. Durch diese Teams wird die Starrheit der Aufbauorganisation von Unternehmen aufgehoben und die Effektivität sowie die Effizienz einzelner Prozesse der Kommunikationsplanung gesteigert.[15]

---

[13] Vgl. Bentele, Günther/ Großkurth, Lars/ Seidenglanz, René: Profession Pressesprecher II. Berufsfeldstudie 2007, S.6.

[14] Bruhn, Manfred/ Ahlers, Grit Mareike: Organisation der Kommunikationsfunktion:Teamarbeit als Faktor, in: Ansgar, Zerfaß/ Manfred Piwienger (Hrsg.):Handbuch Unternehmenskommunikation, Wiesbaden:Gabler, 2007, S.664.

[15] Vgl. ebd., S. 550.

Abteilungen die an der Erstellung von Geschäftsberichten arbeiten können durch das Kommunikationsmanagement bei der Erfüllung ihrer Aufgaben unterstütz werden. Indem man alle Abteilungen mit den neuesten Informationen aus dem Unternehmen und seinem Umfeld versorgt, kann man ebenfalls dazu beitragen das eine freiwillige Zusammenarbeit stattfindet.

4.1 Position der Kommunikationsfunktion

Es muss eine Stelle für Unternehmenskommunikation eingerichtet werden, die als einzige berechtigt ist stellvertretend für das gesamte Unternehmen nach Außen zu kommunizieren. Integrierte Kommunikation ist durch die Unternehmensleitung als Ziel der gesamten Kommunikation zu definieren, wie *Meckel und Schmid* erklären.[16] Trotz gewisser Vorteile der Linienorganisation kann man die Kommunikation in Anlehnung an *Meckel und Schmid* in einer Stabstelle organisieren.

Damit stellt man sicher, dass man hierarchisch hoch angesiedelt ist. Durch die Nähe zur Unternehmensführung ist man in Managemententscheidungen involviert und kann beratend zur Seite stehen und entscheiden was letztendlich nach Außen kommuniziert wird. Die fehlende Linie zum Apparat kann man durch eine dauerhafte Projektorganisation ausgleichen. Hierfür ist eine enge Zusammenarbeit mit der Unternehmensführung nötig, die die Kommunikationsabteilung organisatorisch institutionalisiert und durch eine dauerhafte Projektorganisation mit interdisziplinären Teams und Lenkungsgremien stärkt. [17] Der Kommunikationsmanager wäre bei dieser organisatorischen Lösung der kommunikationsverantwortliche Leiter des Lenkungsgremiums und hätte fachliche Weisungsbefugnis bei der Festlegung der Planung, der Definition von Einzelprojekten, der Integration und der Zusammensetzung der interdisziplinären Teams.[18] Somit hat er die Kontrolle über die Unternehmenskommunikation. .

---

[16] Vgl. ebd., S. 550.
[17] Vgl. ebd., S. 547
[18] Vgl. ebd.

5. Anforderungen an den Stelleninhaber

Ein Kommunikationsmanager hat abteilungsübergreifend die Planung, Durchführung und Kontrolle der integrierten Kommunikation zu realisieren.[19] Hierzu zählen nach *Meckel und Schmid* auch kommunikationsfremde Abteilungen, die kommunikationsbezogene Aufgaben übernehmen, wie beispielsweise der Kundendienst.[20]

Ein Kommunikationsmanager sollte in der Lage sein verschiedene Rollen einnehmen zu können, wie beispielsweise als Berater, Stratege, Aufpasser, Vordenker, Frühwarnsystem, Dienstleister für den Vorstand.

Er ist Gesamtverantwortlicher für eine einheitliche, konsistente Unternehmenskommunikation und berichtet an die Unternehmensführung.

Er ist Ansprechpartner für allen Fragestellungen des Unternehmens in inhaltlicher, strategischer und organisatorischer Sicht, intern sowie extern.

Er sorgt durch geeignete Maßnahmen dafür, dass die Ansprüche der Stakeholder Einzug in die Unternehmenskommunikation finden.

In Kooperation mit der Unternehmensführung und Vertretern der anderen Managementabteilungen werden Unternehmensziele, -strategie definiert.

Er gibt Richtlinien für die Kommunikationsaktivitäten der verschiedenen Abteilungen vor und verfügt optimaler Weise über 3 Kompetenzen, die *Romy Fröhlich* in Anlehnung an *Prof. Dr. Peter Szyszka* definiert.

Die Fachkompetenz, die allgemeingültiges berufliches Grundwissen repräsentiert, die ihn befähigt eine Tätigkeit in Bereich Öffentlichkeitsarbeit zu übernehmen.

Die Sachkompetenz, die sich auf den Kommunikationsgegenstand bezieht. Sie versetzt ihn in die Rolle des informierten und kompetenten Gesprächspartners.

Und letztendlich die Realisationskompetenz, um die Wissensbestände aus Fachkompetenz und Sachkompetenz entsprechend der beruflichen Funktion einsetzen zu können.[21]

---

[19] Vgl. ebd., S. 546.
[20] Vgl. ebd., S. 551.
[21] Szyszka, Peter: Öffentlichkeitsarbeit und Kompetenz: Probleme und Perspektiven künftiger Bildungsarbeit, in: Günther, Bentele/Peter, Szyszka (Hrsg.):PR-Ausbildung in Deutschland. Entwicklung, Bestandausnahme und Perspektiven, Opladen: Westdeutscher Verlag, 1995, S. 332. Zitiert nach Fröhlich, Romy: Public Relations als Beruf: Entwicklung, Ausbildung und Berufsrollen. In: Günter, Bentele/ Romy, Fröhlich/ Peter, Szyszka (Hrsg.): Handbuch der Public Relations. Wissenschaftliche Grundlagen und berufliches Handeln, 2 Aufl. ,Wiesbaden: VS Verlag für Sozialwissenschaften, 2007, S. 438.

Literaturverzeichnis:

Bentele, Günther/ Großkurth, Lars/ Seidenglanz René: Profession Pressesprecher II. Berufsfeldstudie 2007.

Bruhn, Manfred, Integrierte Unternehmens- und Markenkommunikation. Strategische Planung und operative Umsetzung, 4. Aufl., Stuttgart: Schäffer-Poeschel, 2006.

Bruhn, Manfred/ Ahlers, Grit Mareike: Organisation der Kommunikationsfunktion:Teamarbeit als Faktor, in: Ansgar, Zerfaß/ Manfred Piwienger (Hrsg.):Handbuch der Unternehmenskommunikation, Wiesbaden:Gabler, 2007.

Fröhlich, Romy: Berufsrollen und Berufsfelder, in: Günter, Bentele/Romy, Fröhlich/Peter, Syzska (Hrsg.):Public Relations als Beruf:Entwicklung, Ausbildung und Berufsrollen, 2. Aufl., Wiesbaden:VS Verlag, 2007.

Karmasin, Matthias: Stakeholdermanagament als Ansatz der PR, in: Günter Bentele/Romy Fröhlich/Peter Szyszka (Hrsg.):Handbuch der Public Relations. Wissenschaftliche Grundlagen und beruflisches Handeln, 2. Aufl., Wiesbaden: VS Verlag für Sozialwissenschaften, 2007.

Kirchner, Karin: Integrierte Unternehmenskommunikation. Theoretische und empirische Bestandsaufnahme und eine Analyse amerikanischer Großunternehmen., Stuttgart: Westdeutscher Verlag, 2001.

Meckel, Miriam / Schmid, Beat F.: Unternehmens-Kommunikation. Kommunikationsmanagment aus Sicht der Unternehmensführung, 2. Aufl., in: dies. (Hrsg), Wiesbaden: Gabler, 2008.

Zerfaß, A./ Moreno, A./ Tench, R./ u.a.: European Communication Monitor 2009. Trends in Communication Management and Public Relations Results of a Survey in 34 Countries.

Zerfaß, Ansgar: Was bezweckt und bewirkt strategisches Kommunikationsmanagement?

Empirische Rahmenbedingungen, normative Anforderungen und faktische Handlungsmöglichkeiten, 2009.

Abbildungsverzeichnis:

Abbildung 1

Charts von Prof. Dr. Knorre: Integrierte Kommunikation, Folie 2.

Abbildung 2

Charts von Prof. Dr. Knorre: Integrierte Kommunikation, Folie 10.

Abbildung 3

Charts von Prof. Dr. Knorre: Wertschöpfung durch Kommunikation im Unternehmen, Folie 4.

Abbildung 4

Charts von Prof. Dr. Knorre: Wertschöpfung durch Kommunikation im Unternehmen, Folie 8.

Abbildung 5

Charts von Prof. Dr. Knorre: Integrierte Kommunikation, Folie 11.

BEI GRIN MACHT SICH IHR WISSEN BEZAHLT

- Wir veröffentlichen Ihre Hausarbeit, Bachelor- und Masterarbeit

- Ihr eigenes eBook und Buch - weltweit in allen wichtigen Shops

- Verdienen Sie an jedem Verkauf

Jetzt bei www.GRIN.com hochladen
und kostenlos publizieren